Anonym

# Marktsystemtheorie

GRIN Verlag

**Bibliografische Information der Deutschen Nationalbibliothek:**

Die Deutsche Bibliothek verzeichnet diese Publikation in der Deutschen National-
bibliografie; detaillierte bibliografische Daten sind im Internet über http://dnb.d-
nb.de/ abrufbar.

**Impressum:**

Copyright © 2005 GRIN Verlag GmbH
Druck und Bindung: Books on Demand GmbH, Norderstedt Germany
ISBN: 978-3-656-75625-5

**Dieses Buch bei GRIN:**

http://www.grin.com/de/e-book/281181/marktsystemtheorie

**GRIN - Your knowledge has value**

Der GRIN Verlag publiziert seit 1998 wissenschaftliche Arbeiten von Studenten, Hochschullehrern und anderen Akademikern als eBook und gedrucktes Buch. Die Verlagswebsite www.grin.com ist die ideale Plattform zur Veröffentlichung von Hausarbeiten, Abschlussarbeiten, wissenschaftlichen Aufsätzen, Dissertationen und Fachbüchern.

**Besuchen Sie uns im Internet:**

http://www.grin.com/

http://www.facebook.com/grincom

http://www.twitter.com/grin_com

# Marktsystemtheorie

1. Definitionen

Chaos:
Ungeordneter Zustand, aus dem sich Ordnung entwickeln kann. Ordnung erschließt sich mit der Kenntnis über Eigenschaften des Betrachtungsgegenstandes.

Eigenkomplexität:
Komplexitätsgrad des betrachteten Systems im Verhältnis zur Systemumwelt. Dem gegenüber steht die Systemumwelt mit ihrer unendlichen Komplexität. Die Zunahme der Eigenkomplexität wird als Evolution bezeichnet.

Entropie:
Maß an Unordnung, Ausdruck für den Zustand eines Systems. Offene Systeme können ihre Entropie unverändert halten oder vermindern und somit einen Zustand höherer Ordnung erlangen.

Entropiebilanz:
Stabilitätszustand der Entropie. Ist die Entropiebilanz ausgeglichen, so bleibt ein bestimmter Ordnungsgrad erhalten

Negentropie:
Gegenteil von Entropie. Aufbau von Ordnung durch Zufuhr von Zuständen höherer Ordnung = Negentropie in Form von Wissen, Materie und Energie.

Offene Systeme:
Systeme, die Austauschbeziehungen zu ihrer Systemumwelt unterhalten. Dies geschieht durch Import und Export von Wissen, Energie und Materie.

System:
Strukturierte Menge von Elementen, die dich durch Elementeigenschaften und Elementbeziehungen gegenüber anderen Systemen abgrenzen lässt.

Soziales System:
Strukturierte Menge von Elementen, die dich durch Elementeigenschaften und Elementbeziehungen gegenüber anderen Systemen abgrenzen lässt. Es bestehen strukturierte Handlungen mit Sinnverbund, die zur Erreichung eines gemeinsames führen. Handlungen sind also strukturbildend und entstehen durch bestimmte Regeln.

Systembildung:
Aus der Vielfalt möglicher Elementeigenschaften und aus der Vielfalt möglicher Beziehungen zwischen Elementen werden einige ausgewählt und es entsteht eine Struktur, die systembegründend ist.

Systemelement:
Die Beziehungen und Eigenschaften von Systemelementen, die nicht in das System eingehen, bilden die Systemumwelt.

Ordnung:
Resultat aus einer identifizierten Struktur von Systemen.

Selektionsresistenz:
Zustand der Systemvariation, die zur Stabilisierung des Systems führen, das System überlebensfähig erhält.

Relevante Systemumwelt:
Der Teil der Systemumwelt, von dem für das System relevante Störungen ausgehen. Das System schafft sich seine relevante Systemumwelt selbst.

Fließgleichgewicht:
Wird die Entropiezunahme stetig durch Zufuhr von Negentropie ausgeglichen, so ist folglich die Entropiebilanz ausgeglichen, das System befindet sich im Fließgleichgewicht und hält folglich ein konstantes Komplexitätsniveau.

Komplexität:
Gesamtheit aller Merkmale oder Zustände, Ausdruck für Vielschichtigkeit.

Kompliziertheit:
Erschwernis, Verwicklung, Umständlichkeit

Homöostase:
Homöostase beschreibt den Prozess der Selbstregelung/ Selbststeuerung

Marktsystem:
System mit strukturierten Handlungen, die der Bereitstellung knapper Güter, Ressourcen und Dienstleistungen über die Institution des Marktes dienen.

Handlungsrechte:
Auch Verfügungsrechte. Handlungsrechte zur Entscheidung von zur Disposition stehenden Ressourcen (knappe Güter). Genau genommen werden nicht Güter, Dienstleistungen oder Ressourcen übertragen, sondern Handlungsrechte an ihnen.

Wohldefinierte Handlungsrechte:
Handlungsrechte, die dem Kriterium der Wohldefiniertheit (Präzision, Rechtssicherheit, Exklusivität, Tauschbarkeit) weitgehend entsprechen.

Materielle Basis:
Materielle Größe, auf die sich Handlungsrechte bzw. Aktivitäten beziehen können.

Immaterielle Basis:
Immaterielle Größe, auf die sich Handlungsrechte bzw. Aktivitäten beziehen können.

Allgemeine Regeln:
Allgemeine Regeln umfassen die Eigenschaften der Allgemeinheit (Gültig für alle), Abstraktheit (keine konkreten Sachverhalte mit Vorgabe von Zielen) und Gewissheit (Rechtssicherheit).

Rechtssicherheit:
Sicherheit, dass die Rechtsgrundlage einer Entscheidung in ihrer Entwicklung vorhersehbar bleiben und keine ex-post Umwandlung in Unrecht erfolgen kann.

Transaktionskosten:
Kosten, die nicht durch die Produktion von Gütern entstehen, sondern durch die Übertragung von Gütern bzw. der Handlungsrechte an Ihnen von einem Wirtschaftssubjekt auf ein anderes.

Versunkene Transaktionskosten:
Transaktionskosten für die Spezifizierung, personelle Zuordnung, Durchsetzung und Überwachung von Handlungsrechten, die als Investition in der Vergangenheit getätigt wurden.

Informationskosten:
Alle Kosten, die in den verschiedenen Informationsprozessen von der Beschaffung bis zur Übermittlung von Informationen entstehen.

Produktionskosten:
Summe der bei der betrieblichen Leistungserstellung entstehenden Kosten.

Externe Effekte:
Fremdbestimmtheit in der Produktions-, Kosten- oder Nutzenfunktion eines an der den externen Effekt aussendenden Aktivität unbeteiligten Dritten, die positiv oder negativ sein kann.

Pekuniäre externe Effekte:
Positive oder negative Fremdbestimmtheit eines an der Aktivität unbeteiligten Dritten durch den Preismechanismus.

Technologische externe Effekte:
Positive oder negative Fremdbestimmtheit in der Produktions- oder Nutzenfunktion eines an der Aktivität unbeteiligten Dritten.

Dimensionalität:
Anzahl der in den externen Effekt involvierten Aktivitäten bzw. Handlungstypen.

Lateralität:
Anzahl der in den externen Effekt beteiligten Wirtschaftssubjekte.

Effizienz:
Effizienz ist Ausdruck für das bestmögliche Verhältnis zwischen Input und Output der Bedürfnisbefriedigung.

Pareto-Relevanz:
Suche nach Maßnahmen, die Paretoineffizienz beseitigen, so dass man sich paretoeffizient dem Pareto-Optimum nähert.

Pareto-Optimum:
Kein Wirtschaftssubjekt kann sich im Pareto-Optimum besser stellen, ohne dabei ein anderes Wirtschaftssubjekt schlechter zu stellen.

Multistabile Systeme:
System aus mehreren Teilsystemen, die den Charakter ultrastabiler Systeme tragen, also voneinander unabhängig sind.

**Ultrastabile Systeme:**
Teilsysteme in multistabilen Systemen, die nur zeitweilig miteinander verknüpft sind. Ultrastabile Systeme verfügen über zwei hierarchisch überlagerte Rückkopplungsmechanismen.

**Evolution:**
Weiterentwicklung eines Systems durch Komplexitätserhöhung.

**Selektion:**
Systeme sind aufgrund einer nicht ausreichenden Komplexität im Wettbewerb mit anderen Systemen nicht überlebensfähig und zerfallen.

**Mutation:**
Die komplexitätssteigernde Veränderung im System basiert auf etwas bereits bestehendem, welches sic aus sich selbst oder aufgrund äußerer Reize verändert.

**Stabilisierung:**
Das System ist selektionsresistent in einer bestimmten System-Umwelt-Relation. Das Verhältnis zwischen den Komplexitäten von System und relevanter Systemumwelt ist optimiert.

**Internalisierung:**
Beseitigung der Fremdbestimmtheit in der Kosten- bzw. Nutzenfunktion der an der den externen Effekt aussehenden Aktivität unbeteiligte Dritten durch die Generierung wohldefinierter Handlungsrechte.

**Optimaler Internalisierungsgrad:**
Auf allen Ebenen der Internalisierungshierarchie besteht dann ein optimaler Internalisierungsgrad wenn externe Effekte durch wohldefinierte Handlungsrechte pareto-effizient internalisiert wurden.

**Zentralisierung:**
Es erfolgt einer personelle Zuordnung vom feinkörnigen zum grobkörnigen Handlungsrecht. In Bezug auf die konfligierenden Handlungen bzw. Handlungsrechte wird Individualeigentum aufgelöst. In der Konsequenz bedeutet dies innerhalb eines Gesellschaftssystems langfristig die Herstellung von Kollektiveigentum.

**Dezentralisierung:**
Es erfolgt eine personelle Zuordnung vom grobkörnigen zum feinkörnigen Handlungsrecht. Es bleibt Individualeigentum bestehen und wird um das nun bestehende Gruppeneigentum ergänzt.

**Trittbrettfahrerverhalten:**
Präferenzverschleierung einzelner Wirtschaftssubjekte, die sich auf Kosten anderer Wirtschaftssubjekte besser stellen. Somit werden sie nicht zur Zahlung eines Preises, welcher der tatsächlichen Nachfrage des Gutes entspricht, herangezogen.

**Politisches Gleichgewicht:**
Übereinkunft über den Umfang der Produktion gemeinschaftlich genutzter Güter sowie über die Nutzung gemeinschaftlich gehaltener Handlungsrechte.

## 2. Definition und Klassifikation von Wirtschaftssystemen

### 2.1 Allgemeine Systemtheorie

- Definition System: Strukturierte Menge von Elementen

- Systeme entstehen dadurch, dass aus der Vielfalt der möglichen Elementeigenschaften und aus der Vielfalt der möglichen Beziehungen zwischen Elementen einige in systemkonstitutiver Weise ausgewählt und verfestigt werden

- System bedeutet das Gegenteil von Unordnung (Chaos)

- Systeme bauen gewissermaßen Unordnung ab

- Systeme können unterschiedlich vielfältig (komplex) sein, d.h. unterschiedlich viele unterscheidbare Systemzustände ermöglichen

- Die Komplexität von Systemen bildet sich als Reaktion auf Anforderungen heraus, die aus der Systemumwelt kommen

- Systembildung heißt in diesem Sinne Reduktion von Unordnung in der Systemumwelt (Umweltchaos)

- Die Systemumwelt besteht genauer aus denkbaren Beziehungen und Eigenschaften, die nicht in das System eingehen

- Als offene Systeme bezeichnet man Systeme, die mit ihrer Umwelt interagieren

- Offene Systeme können insbesondere Energie, Materie und Wissen aus der Systemumwelt „importieren" und ihre Komplexität (anders formuliert: Ihren Ordnungsgrad) erhöhen

- Ohne Import von Energie, Materie und Wissen streben Systeme dem Zustand maximaler Entropie an
  - Entropie = Maß für die Irreversibilität der Energieentwertung
  - Für unsere Zwecke kann die Entropie als Maß der Unordnung (Chaos) interpretiert werden

- Komplexität (Ordnung) wird unter Freigabe von Energie abgebaut

- Abbau von Komplexität (Ordnung) ist reversibel (umkehrbar), wenn hinreichend Energie und Wissen zur Verfügung steht
  - Komplexität (Ordnung) wird aufgebaut durch Zuführung negativer Entropie (= Negentropie)

- Fließgleichgewicht: Es wird gerade soviel Negentropie eingeführt, dass die Komplexität des Systems erhalten bleibt

- Bei Existenz eines Fließgleichgewichts ist die sog. Entropiebilanz ausgeglichen
- Die Systemkomplexität muss hoch genug sein, um auf relevante Impulse aus der Umwelt geeignet reagieren zu können

5

- Höhere Systemkomplexität
  - Führt zu höherem Abbau von Unordnung
  - Verursacht geringere Freiheit der Elemente hinsichtlich ihrer Zustände und Beziehungen

- Ein System bewirkt stets, dass Komplexität (Ordnung) und Freiheit sich in einem Spannungsverhältnis befinden

- Funktionale Teilsysteme können ausdifferenziert werden, um die Eigenkomplexität des Gesamtsystems zu erhöhen und somit bestimmte Probleme zu lösen

## 2.2 Soziale Systeme: Menschen als Systemelemente

- Hohe Systemkomplexität (Ordnung) bringt Gewissheit, schränkt jedoch Freiheit ein

- Geringe Systemkomplexität bedeutet viel individuelle Handlungsfreiheit aber auch hohe Ungewissheit über die Handlungen anderer Individuen

- Das Gesellschaftssystem wird in verschiedene Teilsysteme (Subsysteme) ausdifferenziert

- Bestimmte soziale Beziehungen werden bestimmten Handlungssystemen zugeordnet

## 2.3 Subsysteme des Gesellschaftssystems

- Für viele Zwecke ist es sinnvoll, die nachfolgend aufgeführten Teilsysteme (Subsysteme) eines sozialen Systems zu unterscheiden
  - Wirtschaftssystem
  - Politisch-rechtliches System
  - Kulturell-normatives System

- Definition Wirtschaftssystem: Die Gesamtheit wirtschaftlicher Beziehungen, die durch Menschen eingegangen werden und die Menschen selbst

- Definition politisch-rechtliches (Sub-) System: Die Gesamtheit politisch-rechtlicher Beziehungen, die von Menschen eingegangen werden und die Menschen selbst

- Definition kulturell-normatives (Sub-) System: Die Gesamtheit kulturell-normativer Beziehungen, die durch Menschen eingegangen werden und die Menschen selbst
- Die Abgrenzung der Subsysteme ist aus vielerlei Gründen nicht eindeutig und keineswegs objektiv

- Insgesamt entstehen Subsysteme des Gesellschaftssystems dadurch, dass jene Strukturmerkmale ausgeblendet werden, die aus der jeweiligen Perspektive vernachlässigbar erscheinen

## 2.4 Die Evolution von Systemen

- Die Zunahme der Eigenkomplexität von Systemen bezeichnet man auch als Evolution von Systemen

- Mit der Zunahme der Eigenkomplexität steigt die mögliche Ereignisvielfalt innerhalb des System

- Die Mechanismen der Evolution sind:
  - Variation (Mutation, Innovation)
    - Als systemexterne Variation kann etwa die Verschmelzung von Systemen eingestuft werden
    - Systeminterne Variationen ergeben sich aus systeminternen Vorgängen
  - Selektion
    - Im Verlaufe der Selektion werden die Variationen auf ihre Eignung hin überprüft, den Ordnungsgrad des Systems zu erhöhen und damit Unordnung aus der Systemumwelt abzubauen
    - Dabei ist zu berücksichtigen, dass offene Systeme sich häufig gegenüber konkurrierenden Systemen aus der Systemumwelt behaupten müssen
    - So kann der Grad der Unordnung in der Systemumwelt dadurch steigen, dass in konkurrierenden Systemen Variationen erfolgreich oder auch nicht erfolgreich getestet wurden
    - Variationen innerhalb des eigenen Systems, die den Selektionstest überstehen, können damit erforderlich sein, um in der Systemumwelt angewachsene Unordnung zu reduzieren
  - Stabilisierung
    - Überstehen Variationen den Selektionstest tragen sie zur Stabilisierung des Systems bei
    - Das System selbst bleibt im günstigsten Fall resistent gegenüber selektiven Prozessen
    - Das System bleibt anders formuliert überlebensfähig

- Ein wesentlicher Teilaspekt der Evolution stellt die Ausdifferenzierung von Teilsystemen dar, wenn das bisherige System wegen zu geringer Komplexität überlastet wird

- Als Ausdifferenzierung bezeichnet man die Spezialisierung der Prozesse (etwa der Produktionsprozesse)

- Ungeregelte Handlungsspielräume nehmen dabei ab (Nachteil)

- Die Möglichkeiten neuer Handlungen auf höherem Niveau nehmen zu (Vorteil)

## 3. Theorie der Verfügungsrechte

### 3.1 Grundlagen

- Handlungsrechte beziehen sich grundsätzlich auf die Verfügung über materielle oder immaterielle Güter und Ressourcen (deswegen auch der Begriff „Verfügungsrechte")

- Zur gesellschaftlichen Anerkennung gehört in jedem Falle der Konsens zum Verbot von Handlungen, die die anerkannten Handlungsrechte beschädigen würden

- Handlungsrechte werden also durch Handlungsbeschränkungen abgesichert
  - Handlungsrechte und Handlungsbeschränkungen können rechtlich verankert sein
  - Sie können aber auch einfach als allgemein üblich Verhaltensnormen ohne rechtliche Sanktionsmöglichkeit existieren

- Die Struktur der Handlungsrechte und Handlungsbeschränkungen bilden die Basis für die Entwicklung von Gesellschaftssystemen
  - o Wirtschaftssystemrelevant sind jene Handlungsrechte und Handlungsbeschränkungen, die die Bereitstellung knapper Güter und Dienstleistungen betreffen
  - o Handlungsrechte und Handlungsbeschränkungen können systemtheoretisch als Regeln interpretiert werden, die die Unordnung der relevanten Systemumwelt reduzieren, indem sie die Vielfalt möglicher Verhaltensweisen der Menschen begrenzen

- Die Evolution (Erhöhung der Komplexität) des Gesellschaftssystems setzt voraus, dass die diesem zugrunde liegenden Handlungsrechte und Handlungsbeschränkungen geeignet ergänzt werden

- Handlungsrechte und Handlungsbeschränkungen können unterschiedliche qualitative Merkmale aufweisen
  - o Sie können mehr oder weniger genau formuliert sein
  - o Ihre Durchsetzbarkeit kann schwanken
  - o Ihre Exklusivität kann beschränkt sein
  - o Die Rechtslage kann den Tausch erschweren

- Handlungsrechte müssen so definiert sein, dass sie den eben genannten Kriterien möglichst weitgehend entsprechen, um das Optimum an Komplexität des sozialen Systems zu erreichen
  - o Schlecht definierte Handlungsrechte verursachen „externe" Effekte mit Wirkungen, die die Zunahme der Komplexität behindern (wird später genauer erläutert)
  - o Insbesondere muss die Durchsetzung und Überwachung der Rechte gewährleistet sein

- Handlungsrechte können überdies nur dann wohldefiniert sein wenn sie und das flankierende Set von Handlungsbeschränkungen (Verbotsregelungen) die Charakteristika Allgemeiner Regeln aufweisen
  - o Hierbei handelt es sich um eine notwendige Bedingung
  - o Ist diese Bedingung nicht erfüllt, wird die Eigenschaft der Rechtssicherheit verfehlt
  - o Auch die Tauschbarkeit kann beeinträchtigt sein

- Allgemeine Regeln (im Sinne F.A.v. Hayeks)
  - o Keine Diskriminierung
    - Allgemeine Regeln müssen gleich anwendbar auf alle Wirtschaftssubjekte sein
    - Wirtschaftssubjekte dürfen insbesondere nicht in unterschiedliche Gruppen eingeteilt und auf der Basis dieser Einteilung unterschiedlich behandelt werden
    - Regeln, die dieser Eigenschaft nicht entsprechen, führen zu ansonsten vermeidbaren Unsicherheiten und Ungenauigkeiten
    - Dies führt zu schlechterer Qualität der Handlungsrechte
    - Diskriminierung verhindert damit ansonsten denkbare Komplexitätszunahme
    - Diskriminierung schafft stattdessen Kompliziertheit
  - o Abstraktheit
    - Allgemeine Regeln müssen abstrakt sein

- Sie dürfen auch keine speziellen Ziele des Handelns enthalten, die die Regelgültigkeit aussetzen
- Fehlende Abstraktheit führt unmittelbar zu schlechterer Qualität der Handlungsrechte
- Fehlende Abstraktheit verhindert damit ansonsten denkbare Komplexitätszunahme
- Fehlende Abstraktheit führt gleichfalls zu mehr Kompliziertheit
○ Gewissheit
- Regeln müssen intertemporal stabil sein
- Jedermann muss wissen, dass er in der Zukunft nicht für Ergebnisse seines Handelns verantwortlich gemacht werden kann, wenn sein Handeln in der Gegenwart den Regeln entspricht
- Regeln, die diese Eigenschaft verfehlen, führen unmittelbar zur Minderung der Qualität der Handlungsrechte mit der Wirkung größerer Unsicherheit in der Zukunft
- Die Qualität der Handlungsrechte nimmt ab
- Denkbare Komplexitätszunahme des Gesellschaftssystems wird behindert
- Das Gesellschaftssystem wird komplizierter

- Handlungsrechte und Handlungsbeschränkungen auf der Basis „Allgemeiner Regeln" können das System in der Weise präzisieren und ergänzen, dass Komplexitätszunahme möglich wird

- Handlungsrechte müssen zunächst spezifiziert, dann personell zugeordnet, in der Folge durchgesetzt, schließlich überwacht und gegebenenfalls getauscht werden

3.2 Transaktionskosten

- Die Entstehung und Nutzung von Handlungsrechten verursacht Kosten

- Diese Kosten werden entsprechend der Theorie der Verfügungsrechte (Property Rights Theory) als Transaktionskosten bezeichnet

- Transaktionskosten fallen bei der Entstehung, der Nutzung und dem Tausch von exklusiven Handlungsrechten in unterschiedlicher Ausprägung an
○ Kosten für die Spezifizierung
○ Kosten für die personelle Zuordnung
○ Durchsetzung
○ Die direkten Tauschkosten (etwa für Information und Verhandlung)
○ Kosten für die Überwachung

- Von den versunkenen Transaktionskosten sind die laufenden Transaktionskosten zu unterscheiden

- Die laufenden Transaktionskosten müssen umso höher angesetzt werden, je weniger die relevanten Handlungsrechte und Handlungsbeschränkungen in Übereinstimmung mit den Grundwerten der Gesellschaft stehen

- Auch die Höhe der später versinkenden Investitionen in die Struktur des Gesellschaftssystems ist hiervon betroffen

- Die Höhe der Transaktionskosten hängt gleichfalls vom Grad der Koordinierung innerhalb des Gesellschaftssystems ab

- Der Koordinierungsgrad hängt wiederum davon ab, ob die Komplexität des Gesellschaftssystems hinreicht, um genügend Unordnung abzubauen

- Die Komplexitätszunahme des Wirtschaftssystems als Antwort auf höhere Unordnung in der Systemumwelt setzt zweierlei voraus
  - Zunächst muss die notwendige Rechtsanpassung ermöglicht werden (notwendig zur Transaktionskostenminimierung)
  - Das politisch-rechtliche Subsystem muss die notwendige Rechtsanpassung tatsächlich in geeigneter Weise vornehmen (notwendig zur Transaktionskostenminimierung)

- Die Höhe der Transaktionskosten und der Koordinierungsgrad des Systems hängt vom erfolgreichen Umgang mit dem Phänomen externer Effekte ab

### 3.3 Externe Effekte, Handlungsrechte und Handlungsbeschränkungen

- Externe Effekte sind definiert durch die Existenz fremdbestimmter Argumente in den Nutzen- und Produktionsfunktionen sowie in den Budgetrestriktionen und Kostenfunktionen

- Fremdbestimmung ergibt sich aus den Handlungen anderer Wirtschaftssubjekte

- Fremdbestimmung ergibt sich im negativen Fall somit aus Handlungen, die miteinander konfligieren

- Es existieren zwei Grundtypen externer Effekte
  - Technologisch bedingte positive oder negative externe Effekte
    - Hier entsteht die Fremdbestimmung in den Nutzen- oder Produktionsfunktionen
  - Pekuniäre positive und negative externe Effekte
    - Hier entsteht die Fremdbestimmung über Preiswirkungen in den Kostenfunktionen der Unternehmungen oder in den Budgetrestriktionen der Haushalte aufgrund veränderter Faktor- und Güterpreise

- Technologische externe Effekte verhindern die Effizienz des Wirtschaftssystems
  - Es ist keine Tendenz zu Pareto-Optimalität möglich, weil weder Güter- noch Faktormengen durch die Wirtschaftssubjekte individuell exklusiv festgelegt werden können

- Demgegenüber sind pekuniäre externe Effekte Pareto-irrelevant

- Pekuniäre externe Effekte lassen also die Effizienz eines Wirtschaftssystems unberührt und bleiben im Weiteren außer Betracht

- Technologische externe Effekte sind aus systemtheoretischer Perspektive Phänomene, die aus zu geringer Komplexität des sozialen Systems entstehen

- Sie entstehen genauer deswegen, weil das Regelsystem der betreffenden Gesellschaft nicht gewährleistet, dass alle wirtschaftlich relevanten individuellen Handlungen innerhalb des Wirtschaftssystems von den jeweils handelnden Individuen exklusiv gesteuert werden können

1. Negative technologische externe Effekte

- Güter und Ressourcen sind bekanntlich solange frei, wie bei ihrer ungeregelten (nicht rationierten) Nutzung keine Handlungskonflikte entstehen

- Güter und Ressourcen werden knapp, wenn auf sie bezogene Handlungen wechselseitig Reibungsverluste verursachen, also Handlungskonflikte spürbar werden

- Beim Übergang von frei zu knapp entstehen demgemäß wechselseitig negative Fremdbestimmungen, also negative technologische externe Effekte

- Handlungskonflikte können durch Regelung (Rationierung) der Nutzung der neuerdings verknappten Güter und Ressourcen aufgelöst werden

- Die Regelung (Rationierung) der Nutzung könnte z.B. über einen Markt erfolgen, auf dem ein Preis zustande kommt

- Da negative technologische externe Effekte aus Handlungskonflikten entstehen, kann geschlossen werden, dass diese nach Einführung einer geeigneten Nutzungsregelung (Rationierung) beseitigt sind

- Negative technologische externe Effekte treten also genauer dann auf, wenn Güter und Ressourcen verknappt sind, ohne dass diesem Sachverhalt durch entsprechende Regeln entsprochen wird

- Die Beseitigung eines negativen technologischen externen Effektes durch geeignete Regelergänzung wird als Internalisierung bezeichnet

- So gehen bei der Ozeanfischerei bislang lediglich die Fischfangkosten in den Preis ein
  o Die Knappheit des Produktionsfaktors „Fischpopulationen im Ozean" bleibt unberücksichtigt
  o Durch Überfischen entsteht dann ein negativer technologischer externer Effekt
  o Dies Problem tritt auf, wenn keine „Fischfangrechte" existieren, die die Nutzung von Ozeanfischen regeln
  o Die Internalisierung kann durch Schaffung geeigneter Fischfangrechte erfolgen

2. Positive technologische externe Effekte

- Positive technologische externe Effekte entstehen dann, wenn Regeln fehlen, die es ermöglichen, Handlungen von Wirtschaftssubjekten, die die Handlungen anderer Wirtschaftssubjekte fördern, zu stimulieren

- Unzureichende Komplexität des Regelsystems verhindert damit die optimale Nutzung von ansonsten gegebenen Handlungsmöglichkeiten

- So fällt etwa die Produktion und Verbreitung von Informationen, die für viele Menschen wertvoll sind, bei vorliegen einschlägiger positiver technologischer externer Effekte schwächer aus, als dies unter Effizienzgesichtspunkten sinnvoll ist

- Nach geeigneter Ergänzung der Regeln lässt sich der Umfang der Handlungen auf das optimale Niveau hin stimulieren

- Dies kann z.B. durch Schaffung zusätzlicher Regeln geleistet werden, die einen neuen Markt ermöglichen, auf dem ein stimulierender Preis zustande kommt

- Durch einen solchen Markt wird die Fremdbestimmung in ein individuell steuerbares Argument in der Nutzen- oder Produktionsfunktion umgewandelt

- Die Beseitigung eines positiven technologischen externen Effekts wird gleichfalls als Internalisierung bezeichnet

- Die Produktion und Verbreitung von Erfindungen und Erkenntnissen kann etwa durch hinreichend entwickelte und geschützte Copyrights und Patente angereizt werden

3. Handlungsrechte und Handlungsbeschränkungen als Internalisierungsmittel

- Ein Wirtschaftssystem verfügt bei Existenz technologischer externer Effekte über zu geringe Komplexität

- Insbesondere die Struktur der hinreichend gut definierten Handlungsrechte als Mittel der Nutzungsregelung erweist sich als nicht hinreichend komplex

- Zur Internalisierung technologischer externer Effekte muss eine geeignete Ergänzung der Struktur der Handlungsrechte und Handlungsverbote vorgenommen werden

- Technologische externe Effekte treten zusammenfassend grundsätzlich dann auf, wenn das politisch-rechtliche Subsystem keine durchgängig wohldefinierten Handlungsrechte bereitstellt

- Technologische externe Effekte können insbesondere aus zwei Gründen auftreten

- Erstens können relevante Handlungsrechte fehlen
  - o Das politisch-rechtliche System als Rahmen des Wirtschaftssystems verfügt über zu geringe Komplexität
  - o Damit ist es dem Wirtschaftssystem nicht möglich, hinreichende Komplexität aufzubauen
  - o Hier kann Abhilfe durch geeignete Spezifizierung, personelle Zuordnung und Durchsetzung des relevanten Handlungsrechts geschaffen werden

- Zweitens können einzelne Handlungsrechte des Bündels das Kriterium der Wohldefiniertheit verfehlen
  - o Die nachfolgend aufgeführten Ursachen kommen hierfür in Frage
  - o Ungeeignete Spezifizierung und personellen Zuordnung
  - o Zu hohe Durchsetzungskosten (z.B. wenn die Handlungsrechte an normativen Grundwerten vorbei spezifiziert wurden)

- o Zu hohe Überwachungskosten
- o Es fehlen flankierende Handlungsbeschränkungen
- o Flankierende Handlungsbeschränkungen sind ungeeignet gefasst

- Hier bietet die Korrektur der Struktur durch die nachfolgend aufgeführten Maßnahmen Abhilfe
  - o Verbesserung der Spezifizierung und personellen Zuordnung
  - o Anpassung der Handlungsrechte an die kulturellen Normen und Werte
  - o Anpassung der Größenordnung der Einheiten, auf die die Handlungsrechte bezogen sind (siehe später: Optimaler Internalisierungsgrad)
  - o Setzen geeigneter flankierender Handlungsbeschränkungen
  - o Verbesserung der flankierenden Handlungsbeschränkungen

- Nach der Internalisierung eines technologischen externen Effekts kann der Knappheitsgrad eines Gutes oder einer Ressource berücksichtigt oder besser als zuvor berücksichtigt werden

- Die positive oder negative Fremdbestimmung ist aufgehoben

### 3.4 Externe Effekte und Evolution des Wirtschaftssystems

- Eine geeignete Spezifizierung und personelle Zuordnung eines Handlungsrechts internalisiert bei hinreichender Durchsetzung und Überwachbarkeit einen technologischen externen Effekt
  - o Das politisch-rechtliche System nimmt dabei an Komplexität zu (Evolution)

- Das kulturell-normative Subsystem muss allerdings zuvor bereits den geeigneten Komplexitätsgrad erreicht haben
  - o Die Komplexität der akzeptierten Verhaltensnormen muss die ergänzende Rechtssetzung tragen (Evolution)

- In der Folge gewinnt das Wirtschaftssystem an Komplexität (Evolution)
  - o Mehr Handlungen und Ergebnisse von Handlungen können innerhalb des Wirtschaftssystems bewertet werden
  - o Der Grad der Unordnung der relevanten Systemumwelt wird reduziert
  - o Nach Internalisierung aller externen Effekte ist der Weg in Richtung Effizienz wieder frei

- Für die erfolgreiche Internalisierung eines technologischen externen Effekts ist die Höhe des Tauschwerts des neuen Handlungsrechts im Verhältnis zu den laufenden Transaktionskosten von entscheidender Bedeutung

- Dieser Quotient wird im Weiteren als Transaktionsquotient bezeichnet

- Je höher der Transaktionsquotient nach dem Internalisierungsversuch ausfällt, umso erfolgreicher gelingt die Internalisierung

- Die Höhe des Transaktionsquotienten wird durch die Ausgestaltung der Handlungsrechte und Handlungsbeschränkungen beeinflusst

- Ist der Transaktionsquotient maximiert (größer, gleich 1), wird der für das System optimale „Internalisierungsgrad" erreicht

- Die Zunahme der Komplexität des politisch-rechtlichen Systems führt nur dann auch zur optimalen Zunahme der Komplexität des Wirtschaftssystems, wenn die Spezifizierung und personelle Zuordnung den optimalen Internalisierungsgrad ermöglicht

- Zunahme der Komplexität eines Wirtschaftssystems bedeutet Zunahme der wirtschaftlichen Interaktions- und damit insbesondere der Transaktions- also Tauschmöglichkeiten

- Ausdruck für die Zunahme der Komplexität eines Wirtschaftssystems kann also die Zunahme der Zahl der Märkte aber auch der Zahl und Komplexität von Unternehmungen des Systems sein

### 3.5 Die Problematik der Dimension externer Effekte

- Grundsätzlich sind eindimensionale und mehrdimensionale externe Effekte zu unterscheiden

1. Eindimensionale externe Effekte

- Eindimensionale technologische externe Effekte entstehen dann, wenn ein Handlungstyp ausgeübt durch mehrere Wirtschaftssubjekte wechselseitige Fremdbestimmung verursacht

- Sind viele Wirtschaftssubjekte in einen eindimensionalen technologischen externen Effekt verwickelt, bezeichnen wir diesen als multilateral

- Beispiele für eindimensionale multilaterale negative externe Effekte sind etwa „Überfischen" und „Interferenzen bei der Nutzung von Frequenzen"

- Beispiele für eindimensionale multilaterale positive externe Effekte bieten Netzeffekte aus multilateralem Handybesitz (nicht notwendigerweise aus aktiver Nutzung)

2. Mehrdimensionale externe Effekte

- Mehrdimensionale externe Effekte entstehen dann, wenn mehrerer Handlungstypen ausgeübt durch unterschiedliche Wirtschaftssubjekte zu Fremdbestimmungen führen

- Mit wachsender Zahl der in einen externen Effekt involvierten Handlungstypen wird es immer unwahrscheinlicher, dass die Verbesserung der Handlungsrechte zur Internalisierung hinreicht
  - Die laufenden Transaktionskosten in Form von Verhandlungs- und Einigungskosten werden zu hoch

- Bei multidimensionalen negativen externen Effekten ist daher neben der Verbesserung die Zusammenfassung (qualitativen Bündelung) der relevanten Handlungsrechte in der Hand eines Wirtschaftssubjektes zur Internalisierung notwendig

- Auch für den Fall positiver mehrdimensionaler externer Effekte gilt, dass mit zunehmender Zahl der involvierten Handlungstypen die Verbesserung der Handlungsrechte nicht zur Internalisierung hinreicht
  - Der Anstieg der laufenden Transaktionskosten in Form von Verhandlungs- und Einigungskosten verhindert die Internalisierung

- Mehrdimensionale multilaterale externe Effekte entstehen dann, wenn die Ausübung mehrerer Handlungstypen Fremdbestimmungen bei vielen Wirtschaftssubjekten verursacht

- Mehrdimensionalität und Multilateralität verbunden mit der Zielsetzung des optimalen Internalisierungsgrades erschweren die Internalisierung externer Effekte

### 3.6 Zentralisierende und dezentralisierende Internalisierung

- Wie aufgeführt wurde, erfolgt im Falle eindimensionaler multilateraler externer Effekte die Internalisierung durch Spezifizierung, personelle Zuordnung und Durchsetzung des relevanten Handlungsrechts
  - Das Handlungsrecht muss durch geeignete Handlungsbeschränkungen flankiert werden
  - Handlungsrecht und Handlungsbeschränkungen sollten zu einem möglichst hohen Transaktionsquotienten führen, damit ein möglichst hoher Internalisierungsgrad sichergestellt werden kann

- Unterschiedliche Handlungsrechte müssen möglicherweise auf unterschiedlich dimensionierte Basen bezogen werden, um den optimalen Internalisierungsgrad zu erzeugen

- Bei der Internalisierung mehrdimensionaler, multilateraler externer Effekte sind nun zwei Fälle zu unterscheiden

- Sind die Basen der relevanten (qualitativ unterschiedlichen) Handlungsrechte deckungsgleich, werden sie zwecks Internalisierung in der Hand eines Wirtschaftssubjektes zusammengefasst

- Sind die Basen nicht deckungsgleich, wird das notwendige Prozedere komplizierter

- Bei unterschiedlich großer Basis der relevanten Handlungsrechte sortiert man zwecks Sichtung zunächst die Handlungstypen nach der Größenordnung der Basis, die für die eindimensionale Internalisierung zur Erlangung des optimalen Internalisierungsgrades sinnvoll war oder sinnvoll wäre

- Die hierbei entstehende Reihung kann man aus Gründen, die später deutlich werden, auch als Internalisierungshierarchie bezeichnen

- Danach werden die Basen der unterschiedlichen Handlungsrechte auf die gleiche Größe gebracht, indem die feinkörnigeren Rechte auf die Basis des grobkörnigsten Rechtes aggregiert werden

- Haben alle relevanten Handlungsrechte die gleiche Basis, erfolgt die „Qualitative Bündelung"

- o Als qualitative Bündelung wird die Zusammenfassung der verschiedenen zunächst separaten relevanten Handlungsrechte zu einem Bündel unter der Kontrolle eines Wirtschaftssubjektes bezeichnet

- Schließlich müssen eventuell notwendige flankierende Handlungsbeschränkungen gesetzt werden

- Bei der Internalisierung mehrdimensionaler externer Effekte sind demzufolge zwei grundsätzlich unterschiedliche Wege denkbar

- Erstens kann zentralisierend internalisiert werden
  - o Bei zentralisierender Internalisierung erhalten die Inhaber jener Handlungsrechte, die auf größere Basen bezogen werden müssen, zusätzlich alle Handlungsrechte, die auf kleinere Basen bezogen werden können

- Zweitens kann dezentralisierend internalisiert werden

- Dabei erhält die Gemeinschaft der Inhaber jener Handlungsrechte, die auf kleinere Basen bezogen werden können, zusätzlich (als Gruppe) alle Handlungsrechte, die auf größere Basen bezogen werden müssen

- Bei zentralisierender Internalisierung wird also feinkörniges Individualeigentum aufgelöst

- Bei dezentralisierender Internalisierung bleibt demgegenüber das feinkörnige Individualeigentum erhalten

- Marktliche Tauschprozesse können nur dann anlaufen, wenn ein Minimum an Dezentralisierung gegeben ist
  - o Ansonsten existieren einfach keine individuell zugeordneten feinkörnigen Handlungsrechte, die getauscht werden können

- Insgesamt führt ein stärkerer Dezentralisierungsgrad zu einer Zunahme marktlicher Tauschprozesse und ein stärkerer Zentralisierungsgrad zu einer Zunahme politischer Prozesse

- Konsequente Dezentralisierung führt dazu, dass jeder Individualeigentümer als Mitglied unterschiedlich großer Gruppen Miteigentümer an grobkörnigeren Rechten wird

- Dabei steigt die Gruppengröße mit zunehmender Grobkörnigkeit von unten nach oben in der Internalisierungshierarchie (daher die Bezeichnung)

- Für die aus der Berücksichtigung der Internalisierungshierarchie entstehenden Eigentumsstrukturen nach dezentralisierender Internalisierung lassen sich vielfältige Beispiele anführen
  - o Wohnblocks mit Eigentumswohnungen
    - In derartigen Blocks werden die Wohnungen individuell gehalten
    - Über die Ausgestaltung des Wohnblocks und seiner Umgebung entscheidet die Eigentümerversammlung

- Am Beispiel eines Wohnblocks lassen sich auch die Wirkungen bei zentralisierender Internalisierung verdeutlichen
  - Ein Wohnblock kann einer Person gehören, die die Wohnungen z. B. vermietet
  - Der Wohnblock kann aber auch insgesamt einer Eigentümergesellschaft gehören, deren Mitglieder die Wohnungen vermieten
  - Der Wohnblock kann auch einer Eigentümergesellschaft gehören, deren Mitglieder die Wohnungen selbst bewohnen
  - Individualeigentum an einzelnen Wohnungen existiert nach Zentralisierung jedenfalls nicht

- Zentralisierende und dezentralisierende Internalisierung betreffen die Eigentumsstruktur einer Gesellschaft

## 3.7 Evolution in Richtung wohldefinierter Handlungsrechte

1. Die Auktionsentscheidungsregel von Posner

- Dem Pareto-Kriterium werden mehrere Schwächen nachgesagt, was auch dazu führte, dass immer wieder neue Effizienzkriterien entwickelt wurden

- Es wird eine Erweiterung des Begriffs der Pareto-Effizienz vorgenommen, die es ermöglicht eine Bewertung der aktuellen rechtlichen Lage direkt vorzunehmen

- Hierzu wird die Auktionsentscheidungsregel von Richard Posner eingeführt
  - Gemäß der Auktionsentscheidungsregel ist eine Rechtsnorm um so ineffizienter je höher derjenige das Recht bewertet, dem es von der herrschenden Rechtsprechung verweigert und je niedriger derjenige es einschätzt, dem es von der herrschenden Rechtsprechung zuerkannt wird

- Im Sinne der Auktionsentscheidungsregel kann der anschließend skizzierte sog. Gerichtsmechanismus als „unsichtbare Hand", die zur Effizienz führt, verstanden werden

2. Der Gerichtsmechanismus

- Grundsätzlich führt ein schlechter Internalisierungsgrad im Fall negativer externer Effekte zu Konflikten

- Im Fall positiver externer Effekte entsteht Unwohlbefinden mit dem Versorgungsgrad

- In beiden Fällen sind die gesetzgebenden Institutionen zu Anpassungsleistungen aufgefordert

- Ein verbesserter Internalisierungsgrad kann aber u. U. auch durch Rechtsprechung entstehen, die die bestehenden Rechtsnormen im Zeitablauf verändert

- Als Gerichtsmechanismus wird die Weiterentwicklung des Rechts durch faktische Rechtsprechung (Urteile) bezeichnet

- Gültige Gesetze entwickeln sich so in hohem Maße durch die praktische Rechtsprechung

- Gerichte können die gültigen Gesetze lediglich innerhalb gewisser Bandbreiten interpretieren

- Der Gerichtsmechanismus durchläuft in diesem Sinne zwei Phasen
  - Die betroffenen Parteien müssen zunächst entscheiden, ob ein Konflikt vor Gericht überhaupt ausgetragen wird
  - Danach Entscheidet ein Gericht ob der Klage stattgegeben wird

- Ziel einer Klage sei es monetäre Vorteile zu erlangen

- Der Erwartungswert des potentiellen Klägers aus dem Prozess berechnet sich wie folgt
  $$E(K) = P(K)G(K) - K(K) > 0 \qquad (1)$$
  $P(K) =$       Subjektive Wahrscheinlichkeit des Klägers, den Prozess zu gewinnen
  $G(K) =$       Gewinn des Klägers, wenn er den Prozess gewinnt
  $K(K) =$       Prozesskosten des Klägers

- Der Erwartungswert des potentiellen Beklagten aus dem Prozess beläuft sich zu
  $$E(B) = P(B)V(B) + K(B) \qquad (2)$$
  $P(B) =$       Subjektive Wahrscheinlichkeit des Beklagten, dass der Kläger den Prozess gewinnt
  $V(B) =$       Verlust des Beklagten, falls er den Prozess verliert
  $K(B) =$       Prozesskosten des Beklagten

- Der Prozess findet genau dann statt, wenn die Minimalforderung des potentiellen Klägers höher ist als das Höchstgebot des potentiellen Beklagten

## 4. Theorie der öffentlichen Wahl

- Die Theorie der öffentlichen Wahl ist vereinfacht ausgedrückt der Analyse der Entscheidungen über die Bereitstellung von Gütern gewidmet, die von den Mitgliedern ganzer Gruppen gleichzeitig genutzt werden

## 4.1 Zur Theorie öffentlicher Güter

1. Grundlegende Begriffe

- Rein private Güter haben die nachfolgend aufgeführten Eigenschaften
  - Strikte Rivalität in der Nutzung
  - Strikte Ausschließbarkeit von der Nutzung
  - Rein private Güter sind eine rein theoretische Kategorie

- Rein öffentliche Güter haben die nachfolgend aufgeführten Eigenschaften
  - Strikte Nicht-Rivalität in der Nutzung
  - Strikte Nicht-Ausschließbarkeit von der Nutzung
  - Rein öffentliche Güter sind eine rein theoretische Kategorie

- In der Realität sind grundsätzlich Mischformen zu beobachten

- Hierzu gehören auschließbar öffentliche Güter, die durch die nachfolgend aufgeführten Eigenschaften definiert sind

- o Strikte Nicht-Rivalität in der Nutzung
- o Strikte Ausschließbarkeit von der Nutzung
- o Der Ausschluss ist möglich über private Komponenten

- Alle ausschließbar öffentlichen Güter beinhalten eine individuell anwendbare Zulassungseinrichtung

- Da die Zulassungseinrichtung exklusiv und individuell wirken muss, entspricht sie den Kriterien der Rivalität in der Nutzung und der Ausschließbarkeit von der Nutzung

- Ausschließbar öffentliche Güter stellen aus dieser Sicht Kombinationsgüter dar, die in komplementärer Weise aus mindestens einer öffentlichen und mindestens einer privaten Komponente bestehen

- Bei allen öffentlichen Gütern besteht grundsätzlich die Gefahr des Trittbrettfahrerverhaltens

2. Die Präferenzaufdeckung

- Grundsätzlich kann man sich der Vermeidung des Trittbrettfahrerverhaltens durch Präferenzaufdeckung auf zwei Wegen annähern

- Im Zentrum der weiteren Ausführungen sollen die Anknüpfungspunkte zur Präferenzaufdeckung über die Art der Produktion und des marktlichen Angebots stehen

- Wie gezeigt werden wird, stellen nämlich alle Konsumgüter aus der Sicht der Nachfrager komplementäre Kombinationen aus öffentlichen und privaten Komponenten dar

- Als komplementäre Güter bezeichnet man dabei in der Mikroökonomie Güter, die nur in wechselseitiger Kombination Nutzen stiften

- Alle klassischen direkten Güter weisen neben ihrer privaten Komponente zumindest eine informationsorientierte öffentliche Komponente auf

- Dies gilt für alle für Nicht-Markenartikel wie Gemüse, Heizöl u. Ä., da für den Konsum zumindest bekannt sein muss, welche Eigenschaften diese Güter aufweisen
  - o Die private Komponente besteht in solchen Fällen aus der individuell gekauften Einheit
  - o Die öffentliche Komponente besteht aus der Information über die Eigenschaft der gekauften Einheit

- Gelegentlich werden alle Komponenten vom gleichen Hersteller angeboten
  - o Dies gilt etwa für alle Markennamenartikel

- Die beiden Komponenten werden gelegentlich allerdings von unterschiedlichen Herstellern angeboten

- Informationen über die Präferenzen der Nachfrager gegenüber öffentlichen Inputs können aus mehreren Quellen gewonnen werden
  - o Aus Befragungen

- o Aus Kaufgewohnheiten der Nachfrager
- o Häufig ist der Erwerb der für die Präferenzaufdeckung notwendigen Informationen allerdings aus Gründen des Daten- und Verbraucherschutzes verboten (Stichwort: "Der gläserne Konsument")
- o Zur Präferenzaufdeckung notwendige Informationen können auch aus Koppelgeschäften gewonnen werden

## 4.2 Grundlagen der Theorie der öffentlichen Wahl

- Bei der Erstellung oder Nutzung von Gemeinschaftsbesitz etwa als Folge der Internalisierung negativer oder positiver mehrdimensionaler externer Effekte werden Gruppenabstimmungsprozesse erforderlich

- Dies gilt sowohl bei dezentralisierender als auch zentralisierender Internalisierung

- Bei zentralisierender Internalisierung gilt dies allerdings nur dann, wenn die relevanten Handlungsrechte nicht auf eine Person zentralisiert werden

- Ein Gruppenabstimmungsprozess setzt voraus
  - o Dass die Gruppe eindeutig definiert ist
  - o Dass ein eindeutig definierter Abstimmungsgegenstand gegeben ist
  - o Dass eine eindeutig definierte Abstimmungsregel existiert und akzeptiert wird

- Als Gruppe können wir nach dezentralisierender Internalisierung die geschlossene Gemeinschaft der Eigner feinkörnig spezifizierter und zugeordneter Handlungsrechte ansehen, die gemeinschaftlich das (die) grobkörnigere(n) Handlungsrecht(e) innehaben

- Abstimmungsgegenstand sei der Umfang der Nutzung des grobkörnigeren Rechts (der grobkörnigeren Rechte) gegen Kompensation oder der Umfang der Schaffung grobkörnigerer Handlungsmöglichkeiten mit finanziellem Aufwand

- Als Abstimmungsregel bezeichnen wir die Regel, die festlegt, wie die für die Gruppe verbindlichen Abstimmungsergebnisse zustande kommen

- Hierzu gehört zunächst die Festlegung, wer in welchem Umfang abstimmen darf

- Insbesondere muss festgelegt sein, welches Verhältnis der abgegebenen Stimmen für einen Abstimmungsgegenstand für die Gruppe verbindlich wird

- Hier sind unterschiedliche Mehrheitsregeln denkbar (einfach, qualifiziert)

- Ein Gruppenabstimmungsprozess setzt also voraus, dass die oben bezeichneten Rahmenbedingungen entweder vertraglich oder innerhalb des politisch-rechtlichen Subsystems des Gesellschaftssystems rechtlich geklärt sind

- Eine Entscheidung innerhalb eines Gruppenabstimmungsprozesses endet mit einem politischen Gleichgewicht

- Nach Internalisierung positiver externer Effekte wird eine Übereinkunft über den Umfang der Produktion von gemeinschaftlich nutzbaren Gütern bei vorgegebener

Abstimmungsregel und bei vorgegebener Verteilung der Kostenanteile jedes Individuums der Gruppe als politisches Gleichgewicht bezeichnet

- Nach Internalisierung negativer externer Effekte wird als politisches Gleichgewicht eine Übereinkunft über den Umfang der Nutzung gemeinschaftlich gehaltener Handlungsrechte bei vorgegebener Abstimmungsregel und bei vorgegebener Verteilung der Einnahmeanteile jedes Individuums der Gruppe bezeichnet

- Für den weiteren Verlauf unterstellen wir die Existenz und Akzeptanz einer einfachen Mehrheitsregel und beschränken uns auf den Fall der Bereitstellung eines gemeinschaftlich nutzbaren Gutes

- Annahme über das Abstimmungsverhalten der Gruppenmitglieder (Rationalverhalten)

| ti | > | GNi | Abstimmungsverhalten: Nein |
|----|---|-----|----------------------------|
| ti | = | GNi | Abstimmungsverhalten: Ja |
| ti | < | GNi | Abstimmungsverhalten: Ja |

| ti | = | Individueller Kostenanteil (Steuer) |
|-----|---|-------------------------------------|
| GNi | = | Grenznutzen jedes Gruppenmitglieds aus dem Gruppengut |

- Das politische Gleichgewicht bei Abstimmung über ein zu produzierendes Gruppengut wird allgemein durch folgende Faktoren beeinflusst
  o Die Abstimmungsregel
  o Die DK- und GK- Verläufe für die Produktion des Gruppengutes
  o Den Grad der Information der Wähler über Kosten und Nutzen des Abstimmungsgegenstandes
  o Die Verteilung der Kostenanteile auf die verschiedenen Gruppenmitglieder
  o Die Verteilung der Nutzenanteile auf die verschiedenen Gruppenmitglieder

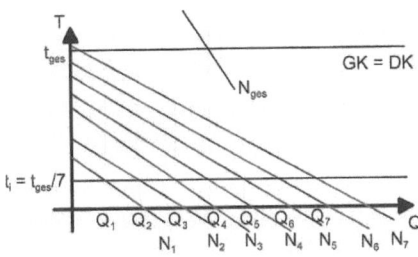

- Wir konzentrieren uns auf das einfachste Modell eines politischen Gleichgewichts nämlich das Howard-Bowen-Modell mit den nachfolgenden Annahmen
  o Einfache Mehrheitsregel
  o DK = GK = konstant
  o Vollständige Information der Wähler über Kosten und Nutzen des Abstimmungsgegenstandes
  o Gleiche Kostenanteile für jedes Gruppenmitglied für jede Einheit des Gruppengutes (Kostenanteil = t)
  o Individuelle Nutzenanteile gemäß der Nachfragekurven in der Grafik
  o Von der Einkommens- und Vermögensverteilung wird abstrahiert

- Es wird sequentiell abgestimmt
  - o Die Abstimmung beginnt also mit der Entscheidung darüber, ob die Produktion des Gruppengutes von 0 auf 1 ausgedehnt werden soll
  - o Sie wird fortgesetzt mit der Entscheidung über die Ausdehnung der Produktion von 1 auf 2, dann von 2 auf 3, usw. bis von 6 auf 7

- Das dargestellte politische Gleichgewicht weist die nachfolgend beschriebenen Eigenschaften auf
  - o Nur ein Wähler erhält die Menge, die seinen Präferenzen entspricht
  - o Es entsteht kein Pareto-Optimum im Konsumbereich
  - o Der Output kann dem Pareto-optimalen Output entsprechen
  - o Dies ist bei Normalverteilung der Präferenzen um x4 der Fall

- Die Mehrheitsregel ist mit verhältnismäßig geringen Einigungskosten verbunden

- Dem stehen Kosten in Form von nicht optimal befriedigten Präferenzen von Minderheiten gegenüber

- Die Durchsetzung von Mehrheitsbeschlüssen macht u. U. Zwangsgewalt der Gruppe erforderlich

- Hierdurch entsteht u. U. Kostenaufwand
  - o Durch neue politische Institutionen
  - o Durch teuren Einsatz von bereits existierenden Ordnungsinstrumenten

- Die Kosten für Präferenzaufdeckung und die Kosten für die Durchsetzung von Mehrheitsbeschlüssen müssen gegeneinander abgewogen werden
  - o Dabei müssen insbesondere die Opportunitätskosten aus der fehlenden Berücksichtigung von Minderheitenpräferenzen beachtet werden

- Die Probleme aus der Anwendung der einfachen Mehrheitsregel können durch verschiedene Vorgänge verringert werden
  - o Durch Homogenisierung der Präferenzen in der Gruppe (wie auch immer sie erreicht werden mag)
  - o Durch Verfeinerung der Präferenzaufdeckung
  - o Durch Umsetzung differenzierter Kostenanteile (bis hin zu gruppeninternen Subventionen)

- Langfristig kann Effizienz nur durch Homogenisierung der Präferenzen erreicht werden

- Tatsächlich wird die einfache Mehrheitsregel häufig bewusst eingesetzt, um einer Minderheit den Willen der Mehrheit aufzuzwingen
  - o So zur Umverteilung von Einkommen und Vermögen
  - o So auch zum Oktroyieren von ungewünschten Gütern

- Bei Abstimmungen über mehrere Abstimmungsgegenstände gleichzeitig besteht übrigens die Möglichkeit des "Logrolling" (Stimmenkuhhandel)

4.3 Das Phänomen des Logrolling

- Logrolling ist definiert als Stimmenhandel zwischen unterschiedlichen Wählern

- Stimmenhandel entsteht, wenn unterschiedlich stark ausgeprägte Präferenzen hinsichtlich verschiedener Abstimmungsgegenstände bei verschiedenen Wählergruppen bestehen

- Es kann sich dann für eine bestimmte Wählergruppe lohnen, für Abstimmungsgegenstände zu stimmen, die ihr keinen Nettonutzen verschaffen

- Dies ist dann der Fall, wenn eine andere Wählergruppe im Austausch für andere Abstimmungsgegenstände stimmt, die die erste Wählergruppe durch entsprechend höheren Nettonutzen kompensieren

- Explizites Logrolling beinhaltet direkte Verhandlungen zwischen den Gruppen

- Stellen Politiker die Abstimmungspakete so zusammen, dass eine möglichst große Anzahl von Wählern einen positiven Nettonutzen erhält, bezeichnet man dies als implizites Logrolling

### 4.4 Homogenisierung und Präferenzaufdeckung im Tiebout-Modell

- Wie bereits dargelegt beinhaltet die Anwendung der einfachen Mehrheitsregel externe Effekte sowohl für wesentliche Teile der Mehrheit als auch für die gesamte Minderheit

- In Situationen, in denen die einfache Mehrheitsregel eingesetzt werden muss, ist der Weg in Richtung Effizienz zunächst verbaut

- Durch Homogenisierung der Präferenzen in der abstimmenden Gruppe können die Probleme aus der einfache Mehrheitsregel behoben werden

- Die Homogenisierung der Präferenzen erfordert Gruppenein- und Gruppenaustritte
  - o Gruppeneintritte müssen von neuen Mitgliedern erfolgen, deren Präferenzen denen der Medianwähler ähneln
  - o Gruppenaustritte müssen von alten Mitgliedern erfolgen, deren Präferenzen von denen der Medianwähler stark abweichen

- Nach dezentralisierender Internalisierung kann man sich vorstellen, dass ein sog. Tiebout-Prozess zur Homogenisierung der Präferenzen führt

- Als Tiebout-Prozess bezeichnet man den Zu- und Abwanderungsprozess, der unter den Bedingungen des Tiebout-Modells zu erwarten ist

- Das Tiebout-Modell ist in der Nachkriegszeit als Antwort auf das Modell rein öffentlicher Güter von Samuelson entstanden

- Tiebout versuchte zu zeigen, dass „lokal öffentliche Güter" über einen marktähnlichen Zu- und Abwanderungsprozess einer „marktähnlichen" Allokation zugänglich seien

- Annahmen des Tiebout-Modells ("voting-with-the-feet-model")
  - o Vollkommene Mobilität der Konsumenten
  - o Vollkommene Information über die Einnahmen/Ausgabenstrukturen aller Gemeinden
  - o Die Anzahl der Gemeinden ist groß

- So groß, dass jeder Konsument eine Gemeinde finden kann, die seinen Präferenzen nahe kommt
  - Alle Konsumenten leben von Dividendeneinkommen
    - Diese Annahme ist erforderlich, um Präferenzen der Konsumenten zu neutralisieren, die sich auf die Allokation im privaten Sektor beziehen (z.B. auf den Arbeitsplatz)
  - Keine externen Effekte der öffentlichen Leistungen
  - Es gibt eine optimale Gemeindegröße
  - Jede Gemeinde strebt ihre optimale Größe an

- Unter den gegebenen Annahmen könnte sich Pareto-Effizienz langfristig auf folgende Weise einstellen:
  - Gruppen mit homogenen Präferenzen ziehen in die passende Gemeinde
  - Aufgrund der Homogenisierung der Präferenzen verschwinden die gesellschaftlichen Spannungen
  - Das Minderheitenproblem bei der Mehrheitsabstimmung wäre damit gelöst
  - Die Abstimmungsergebnisse nähern sich der Einstimmigkeit
  - Die individuellen Präferenzen hinsichtlich der öffentlichen Komponenten sind aufgedeckt

- Kritische Würdigungen sind dem Modell wegen des hohen Abstraktionsgrads durch die restriktiven Modellannahmen zuteil geworden (insbesondere 1-5)

- In der Realität kann das Externalitätenproblem bei Anwendung der Mehrheitsregel aus den genannten Gründen relativiert werden
  - Dies gilt für die unteren Ebenen der Internalisierungshierarchie
  - Auf den oberen Ebenen der Internalisierungshierarchie bleibt das Externalitätenproblem relevant

## 4.5 Dezentralisierende Internalisierung und öffentliche Güter

- Dezentralisierende Internalisierung entlang der für eine Gesellschaft relevanten Internalisierungshierarchie hat die nachfolgend beschriebenen Wirkungen
  - Auf jeder weiteren Stufe der Internalisierungshierarchie nach oben entsteht eine zusätzliche qualitative öffentliche Komponente, die den Wert der privaten Komponente beeinflusst
  - Im Falle internalisierter positiver externer Effekte handelt es sich um Gruppengüter, die von den Gruppenmitgliedern finanziert wurden
  - Im Falle internalisierter negativer externer Effekte werden gemeinschaftlich gehaltene Handlungsrechte gegen Entlohnung zur Nutzung freigegeben
  - Gemeinschaftlich gehaltene Handlungsrechte stellen demgegenüber eine gemeinsame Einnahmequelle dar, die für die Minderung der Qualität des Individualeigentums kompensiert

- Als zusätzliche Charakteristika privater Komponenten sind ausschließbar öffentliche Güter ebenso auf Märkten bewertbar wie die gemeinschaftlich gehaltenen Handlungsrechte

- Die Bewertung erfolgt indirekt über die Bewertung der individuell gehaltenen privaten Komponenten

- So erzielen Immobilien, die mit besserer Infrastruktur verbunden sind, in der Regel bessere Preise

- Die Externalitäten aus der einfachen Mehrheitsregel können bis zu einem gewissen Grade über einen Tiebout-Prozess internalisiert werden
  - Dies ist der Fall soweit Gruppen mit homogeneren Präferenzen entstehen können, falls die Wahlmöglichkeiten ausreichen

- Bei dezentralisierender Internalisierung kommt über einen Tiebout-Prozess die Homogenisierung der Präferenzen hinsichtlich der öffentlichen Gemeinschaftskomponenten im Rahmen des überhaupt Möglichen auf der Basis der individuellen Interessenlagen zustande

- Die Präferenzaufdeckung würde also gleichsam automatisch innerhalb von Marktprozessen erfolgen

- Bei zentralisierender Internalisierung müssten die Vorteile aus regionaler Homogenisierung der Präferenzen hingegen durch zentrale (politische) Planung der regionalen Nutzung umgesetzt werden
  - Dies könnte etwa durch angeordnete Umsiedlungen erfolgen

- Voraussetzung hierfür wäre allerdings ein aufwendiger bewusst organisierter Präferenzaufdeckungsprozess

5. Zentralisierung vs. Dezentralisierung im Spannungsfeld politischer Organisation

- Zentralisierende und dezentralisierende Internalisierung führen zu erheblichen Unterschieden hinsichtlich der Möglichkeiten der Organisation der jeweiligen Gesellschafts- und insbesondere Wirtschaftssysteme

- In neuerer Zeit bot die UDSSR ein gutes Beispiel für weitgehend zentralisierende Internalisierung
  - Es bestand Eigentumszentralisierung auf die Gesamtgemeinschaft – jedenfalls offiziell

- In neuerer Zeit bietet nach wie vor die Schweiz ein gutes Beispiel für weitgehend dezentralisierte Internalisierung
  - Es besteht stark ausgebautes Individualeigentum einerseits und starke Dezentralisierung auf Gemeinden und Kantone bei Gemeinschaftseigentum

- Als turbulente Umwelt wollen wir eine Systemumwelt verstehen, die sich ständig verändert, aber Anpassungen des Systems an diese Veränderungen zulässt

- Die Überlebensfähigkeit eines Systems in einer turbulenten Umwelt hängt von der Fähigkeit des Systems ab, auf die Veränderungen der Systemumwelt schnell genug zu reagieren

5.1 Zur komparativen Anpassungsfähigkeit zentralisierter Systeme

- Bei gegebener eigentumsrechtlicher Zentralisierung ist spontane Dezentralisierung in jedem Falle unmöglich

25

- Mögliche wirtschaftliche Koordinierungsformen auf der Basis zentralisierender Internalisierung sind

  - Koordinierung durch Befehl nachdem eine zentrale Institution dazu autorisiert wurde (Zentralverwaltungswirtschaft)
  - Koordinierung durch auktionsähnliche Prozesse (Konkurrenzsozialismus)

1. Die reine Zentralverwaltungswirtschaft

- Die "reine" Zentralverwaltungswirtschaft ist wie folgt definiert
  - Es herrscht Gemeineigentum an Produktionsmitteln
  - Es ist eine rational aufgebaute Lenkungsorganisation gegeben, die das gesamte wirtschaftliche Gemeinwesen überdeckt
  - Die zentrale Leitung ist in der Lage, die politischen Ziele, die sie zu verwirklichen wünscht, eindeutig zu bestimmen und ihren politischen Willen auch nach unten durchzusetzen
  - Die Planungsarbeiten werden von allen Beteiligten mit größter Sorgfalt durchgeführt
  - Der Wirtschaftsprozess wird sachlich und zeitlich vollständig durchgeplant
  - Die Planung des Wirtschaftsprozesses wird vor Beginn der Planperiode durchgeführt und abgeschlossen
  - Die zentrale Leitung beabsichtigt, den Nutzen der insgesamt verfügbaren wirtschaftlichen Güter im Sinne der von ihr verfolgten Ziele zu maximieren
  - Die Volkswirtschaft ist geschlossen

- In einer derartigen reinen Zentralverwaltungswirtschaft würden alle Wirtschaftsprozesse einer Gesellschaft auf der Basis eines politischen Gleichgewichts ablaufen müssen

- Die Anpassung an sich ständig verändernde Daten ist damit schwierig

- Daher sollten Volkswirtschaften, die sich mit einer turbulenten Systemumwelt auseinandersetzen müssen, möglichst wenig zentralverwaltungswirtschaftliche Elemente verwenden

- Die Koordinationsform der Zentralverwaltungswirtschaft weist allerdings den Vorzug auf, dass kurzfristig alle Ressourcen einer Volkswirtschaft innerhalb des Volkswirtschaftsplanes für eine bestimmte Zielsetzung reserviert werden können

- Aus diesem Grunde haben sich im zweiten Weltkrieg alle Marktwirtschaften näherungsweise in Zentralverwaltungswirtschaften auf Zeit verwandelt (einziges kurzfristiges Ziel: Gewinnen des Krieges)

2. Der Konkurrenzsozialismus

- Die Probleme zentralverwaltungswirtschaftlicher Systeme aus den fehlenden Preisen als Knappheitsindikatoren führten in der Folge zur Suche nach alternativen Koordinierungsverfahren auf der Basis von allumfassendem Gemeineigentum (aus zentralisierender Internalisierung)

- Im Ergebnis entstand das Modell des Konkurrenzsozialismus

- Die hier präsentierten Annahmen des Konkurrenzsozialismus wurden von Krelle formuliert
  - o Es existiert ein echter Konkurrenzmarkt mit freier Preisbildung für alle Konsumgüter und für den Faktor Arbeit
  - o Die Kaufpreise der produzierten Kapitalgüter ebenso wie die Preise für die Benutzung der anderen Faktoren (Boden) werden von der Planungsbehörde für alle verbindlich festgesetzt und laufend verändert auf Grund der Regel, dass zu dem gesetzten Preis auch alle Güter abgesetzt werden (Markträumung)
  - o Die Leiter der sozialisierten Betriebe sind in ihren laufenden wirtschaftlichen Maßnahmen selbständig.
  - o Die Industriegruppenleiter, die über die Investition innerhalb der Industriezweige entscheiden, sind angehalten, die Industrie auf der Größe zu halten, dass die Durchschnittskosten gleich dem Preis sind.
  - o Über den Gesamtumfang der Investition entscheidet die Planungsbehörde selbständig.

- Unverkennbar wird innerhalb dieses Modells Pareto-Effizienz per Annahme erzwungen

- Das Modell ist nicht anreizkompatibel

- Spontane unternehmerische Aktionen sind aufgrund des Umfangs politischer und bürokratischer Entscheidungsnotwendigkeiten in größerem Umfang kaum denkbar

- Eine näherungsweise Umsetzung des Modells des Konkurrenzsozialismus kann in der Realität nur kurzfristig zu mehr Anpassungsfähigkeit in einer turbulenten Umwelt führen

- Die Ökosteuer stellt tatsächlich nichts anderes dar, als eine partielle Umsetzung des Modells des Konkurrenzsozialismus

## 5.2 Zur komparativen Anpassungsfähigkeit dezentralisierter Systeme

- Nach dezentralisierender Internalisierung kann im Bedarfsfall spontan zentralisiert werden

- Mögliche wirtschaftliche Koordinationsformen sind
  - o Koordination durch Befehl innerhalb von Unternehmungen nachdem Mehrpersonenunternehmungen entstanden sind
  - o Koordination über Märkte

- Nach dezentralisierender Internalisierung können vielfältige spontane Wirtschaftsprozesse ablaufen

- Nach Unternehmungsbildung können sich interne hierarchischen Koordinationsformen entwickeln
  - o Die Systemkomplexität erhöht sich einerseits durch Ausdifferenzierung von Märkten
  - o Andererseits werden Unternehmungen als Variationen vertraglicher Arrangements spontan gebildet und bei fehlender Selektionsresistenz wieder aufgelöst

- Erweisen sich Unternehmungen als selektionsresistent, hat das System an Eigenkomplexität zugenommen (zusätzliche Strukturelemente)

- Die Vielfalt möglicher spontaner Prozesse nach dezentralisierender Internalisierung rührt daher, dass jeder Inhaber individueller Handlungsrechte mit ihnen verfahren kann wie er will

- Dezentralisierende Internalisierung ist Voraussetzung für die Entwicklung eines Marktsystems als wirtschaftliches Subsystem eines Gesellschaftssystems

- Marktsysteme führen im Übrigen zu informatorischen Synergieeffekten
  - o Märkte geben über die Preise Informationen über die relative Knappheit der einer Gesellschaft zur Verfügung stehenden Ressourcen und der in ihr produzierten Güter
  - o Märkte koordinieren das in einer Gesellschaft zunächst verstreut vorhandene Wissen und machen es auf diese Weise erst nutzbar
  - o Märkte signalisieren darüber hinaus bis zu einem gewissen Grad Defekte des politisch-rechtlichen Systems

## 5.3 Marktsysteme als multistabile Systeme

- Wie bereits erwähnt weisen Marktsysteme Eigenschaften auf, die in turbulenter Umwelt gute Anpassungsleistungen gewährleisten

- Als multistabil bezeichnet man Systeme dann, wenn sie aus mehreren ultrastabilen Teilsystemen bestehen, die nur zeitweise miteinander gekoppelt sind

- Ultrastabile Systeme sind gekennzeichnet durch zwei sich hierarchisch überlagernde Rückkopplungs-mechanismen
  - o Der erste Rückkopplungsmechanismus ermöglicht es dem ultrastabilen Teilsystem, seinen Zustand gegenüber weniger schwerwiegenden Störungen aus seiner Umwelt aufrechtzuerhalten
    - ▪ Hierher gehören Variationen des Produktpreises
    - ▪ Veränderungen des Outputs in Qualität oder Quantität
    - ▪ Verbesserung des Service
    - ▪ Kurz: Die Anpassungen erfolgen über den Einsatz der üblichen auf ein gegebenes Produkt bezogenen Wettbewerbsparameter

- Kann die Störung durch den ersten Rückkopplungsmechanismus nicht aufgefangen werden, wirkt der zweite Rückkopplungsmechanismus

- Hierbei handelt es sich um einen innovativen trial-and-error-Prozess mit tiefer gehenden Veränderungen

- Das ultrastabile Teilsystem probiert die ihm zur Verfügung stehenden Variationsmöglichkeiten so lange durch, bis ein neuer Stabilitätsbereich entsteht

- Das entspricht dem "Testen" verschiedener erweiterter Strategien wie Produktdifferenzierung, Diversifikation, Innovation und Unternehmensreorganisation

- Im Erfolgsfall können danach die Anpassungsleistungen aus dem ersten Rückkopplungsmechanismus wieder zum Tragen kommen

- Gelingt die Anpassung über den zweiten Rückkopplungsmechanismus nicht, fällt das betreffende ultrastabile Teilsystem dem Selektionsprozess zum Opfer

- Ein weiteres wesentliches Merkmal multistabiler Systeme besteht darin, dass ultrastabile Teilsysteme (z.b. Unternehmungen) voneinander unabhängig planen und agieren

- Die ultrastabilen Subsysteme sind nur zeitweilig funktional verknüpft

- Diese Verknüpfung erfolgt dann, wenn sie ihre Antworten auf Veränderungen der für sie relevanten Umwelt auf dem Markt testen

- Innerhalb des Gesamtsystems (Marktsystem) werden auf diese Weise eine Vielfalt von Problemlösungsversuchen ultrastabiler Teilsysteme getestet

- Erfolgreiche Problemlösungen ultrastabiler Teilsysteme innerhalb des zweiten Rückkopplungsmechanismus gehen komplexitätssteigernd in das Marktsystem ein und verbessern dessen Anpassungsleistung an seine relevante Umwelt

- Da das Wirtschaftssystem ein Subsystem des Gesellschaftssystems ist, wird die Anpassungsleistung entsprechend bis zum Gesellschaftssystem transportiert

- Hieraus resultiert die hohe Anpassungsfähigkeit multistabiler Systeme gegenüber turbulenten externen Störungen

- Störungen treten etwa bei Veränderungen der Knappheitsrelationen auf

- Auch externe Effekte sind als Störungen aus der Systemumwelt zu verstehen

- Ebenso ergeben sich aber (vorübergehende) Störungen nach notwendigen Anpassungen des Rechtssystems als Folge von Internalisierungsversuchen
  - So müssen sich neue Märkte nach erfolgreichen Internalisierungen erst in Richtung Gleichgewicht einpendeln

- Die Ausdifferenzierung geeigneter ultrastabiler Teilsysteme ist Voraussetzung für die Anpassungsleistung multistabiler Systeme in einer turbulenten Umwelt und trägt damit zu deren Überlebensfähigkeit (Selektionsresistenz) bei

- Dabei ist die Überlebensfähigkeit des multistabilen Systems umso höher, je mehr Vielfalt von den ultrastabilen Subsystemen erzeugt wird

- Die Vielfalt ist umso größer, je stärker die ultrastabilen Subsystem gezwungen sind, tatsächlich voneinander unabhängig Problemlösungen zu erarbeiten

- Je heftiger also der Wettbewerb unter den Unternehmungen abläuft umso überlebensfähiger ist das Marktsystem insgesamt

## 5.4 Zur optimalen Internalisierung

- Entsprechend der für ein System vorgegebenen Umwelt ist die Internalisierung genau dann optimal vorgenommen worden, wenn die folgenden Bedingungen erfüllt sind

- Erstens muss die Größenordnung der Basis des Individualeigentums auf der untersten Ebene der Internalisierungshierarchie den optimalen Internalisierungsgrad ermöglichen

- Zweitens muss zwecks optimaler Internalisierung auf den höheren Ebenen der Internalisierungshierarchie, auf denen zu Internalisierungszwecken Gruppeneigentum zu bilden ist, gleichfalls der optimale Internalisierungsgrad erzeugt werden

- Bei optimaler Internalisierung sind die notwendigen Voraussetzungen dafür gegeben, dass das System seine höchstmögliche Komplexität mit Blick auf die relevante Systemumwelt erreicht

- Optimale Internalisierung beinhaltet insofern auch die optimale Relation zwischen dezentralisierender Internalisierung und Erzeugung von sinnvoll großem Individualeigentum durch zentralisierende Internalisierung von unten her

- Bei optimaler Internalisierung sind insbesondere auch die notwendigen Voraussetzungen für optimale Vielfalt spontaner organisatorischer Zentralisierung (Unternehmungsbildung) und Dezentralisierung erreicht

- Es sei noch einmal betont, dass die Erfordernisse zu optimaler Internalisierung in Abhängigkeit des technischen Wissens, der Grundwerte der Gesellschaft und der Beschaffenheit der Systemumwelt schwanken

- Hinsichtlich der Qualität der Systemumwelt ist insbesondere der Grad der Turbulenz von Bedeutung

### 5.5 Das Phänomen „fraktionierter" Internalisierung (Teilzentralisierung von oben nach unten)

- Wie gerade dargelegt wurde, muss zur Erreichung des optimalen Internalisierungsgrades entlang der Internalisierungshierarchie geeignet von unten nach oben zentralisiert werden

- Häufig ist zu beobachten, dass gerade auch im oberen Bereich der Internalisierungshierarchie zentralisierend und lediglich im unteren (genauer mittleren) Bereich dezentralisierend internalisiert wird

- So existiert in allen marktwirtschaftlich orientierten Ländern mehr "öffentliches" Eigentum größerer und vor allem offenerer Gruppen als unter dem Gesichtspunkt optimaler Internalisierung sinnvoll ist

- Dies gilt etwa für das „Eigentum" an und die Nutzung von Infrastruktur auf den verschiedenen Ebenen der Internalisierungshierarchie

- Es unterbleibt gegenüber den dargelegten Erfordernissen in der Realität häufig ein wesentlicher Internalisierungsschritt

- Wesentliche Teile der internalisierungsrelevanten Rechte und Pflichten bleiben häufig unter „Kontrolle" der „Öffentlichkeit", also einer unter Internalisierungsgesichtspunkten unnötig großen und offenen Gruppe

- Innerhalb dieser Gruppe stehen sich genauer zwei Teilgruppen von Bürgern gegenüber, die höchst unterschiedlich umfangreiche Teile des relevanten Bündels der Handlungsrechte halten
  - Inhaber individuell zugeordneter Handlungsrechte insbesondere an Kapital und Boden mit Stimmrecht über die Erstellung und Verwendung "öffentlichen" Eigentums wie Infrastruktur
  - "Wahlbürger" ohne individuell zugeordnete Handlungsrechte an Kapital und Boden mit Stimmrecht über die Erstellung und Verwendung öffentlichen Eigentums wie z. B. Infrastruktur

- Dabei müssen die "Wahlbürger" ohne individuell zugeordnete Handlungsrechte an Kapital und Boden die Folgen ihres Abstimmungsverhaltens hinsichtlich der Kapital- und Immobilienwerte nicht notwendigerweise tragen

- Vollständige dezentralisierende Internalisierung kann allerdings an den ethisch-normativen Grundwerten einer Gesellschaft zu einem historischen Zeitpunkt scheitern

- Abhilfe ist hier allenfalls kurzfristig über das Vehikel einer Coase'sche Verhandlungslösung zwischen den betroffenen Wählergruppen denkbar

- Hierbei treten allerdings spätestens langfristig Probleme auf
  - Denn Boden- und Immobilienpreise spiegeln auch die "öffentlichen" Infrastrukturinvestitionen wieder

- Dies setzt unter Umständen Variationen innerhalb des politischen und des kulturellen Systems voraus

- Die eben beschriebenen Probleme werden noch durch Phänomene verschärft, die im nachfolgenden Abschnitt unter dem Begriff „Rent-Seeking" abgehandelt werden

- Dabei ist insbesondere zu berücksichtigen, dass mit zunehmendem Umfang der Teilzentralisierung auch der Umfang notwendiger politischer Prozesse steigt

## 6. Rent-Seeking

### 6.1 Ökonomische Renten

- Im Weiteren wollen wir Entlohnungen für eingesetzte Ressourcen und erarbeitete Privilegien (Handlungsmonopole) als Renten bezeichnen

- Hierzu zählen die nachfolgend aufgeführten Kategorien
  - Entlohnungen für die Verwendung des Bodens als Faktor
  - Entlohnungen für die Nutzung besonderer Eigenschaften: Gute Stimme usw.
  - Entlohnungen für Patente, Lizenzen usw.
  - Entlohnungen für ererbte oder erworbene Privilegien

- Renten sind häufig als Lenkungsanreize notwendig und nicht per se ineffizient
  - Hohe Bodenpreise und damit Grundrenten führen etwa zu intensiverer Nutzung des wertvolleren Bodens
  - Eine gute Stimme würde ohne entsprechend hohe Renten gleichfalls nicht hinreichend intensiv genutzt

## 6.2 Zum Begriff des "Rent-Seeking"

- Zwei präzisierte Definitionen
  - o Rent-Seeking: Einsatz ökonomischer Mittel zwecks politischer Einflussnahme zur Aufrechterhaltung und/oder Erlangung von Privilegien
  - o Wettbewerb um politische Einflussnahme: Einsatz ökonomischer Mittel zwecks politischer Einflussnahme zur Aufrechterhaltung und/oder Erlangung von Privilegien im Wettbewerb mit anderen Interessenten

- Rent-Seeking und noch stärker Wettbewerb um politische Einflussnahme vermindern jedenfalls die Anpassungsfähigkeit des Gesamtsystems an Veränderungen aus der turbulenten Umwelt

- Schließlich ist noch die handlungsrechtliche Charakteristik im Wege des Rent-Seeking erworbener Privilegien zu untersuchen

- Jene Handlungsrechte, deren Erlangung unter die Bezeichnung Rent-Seeking fällt, sind in aller Regel dadurch charakterisiert, dass ihre Vergabe externe Effekte verursacht, nicht aber internalisiert

- So verursacht das Behindern möglicher Innovationen fremdbestimmte Argumente bei den potentiellen Innovatoren

- Hiervon ausgenommen sind lediglich solche Handlungsrechte, die erstmals zu Internalisierungszwecken geschaffen werden

## 6.3 Rent-Seeking und politischer Prozess

- Für die weiteren Überlegungen unterstellen wir ein zumindest teilweise dezentralisiertes System, in dem überwiegend die einfache Mehrheitsregel als Abstimmungsregel zur Anwendung kommt

- Erste Ansatzpunkte für Rent-Seeking ergeben sich dann anlässlich der Internalisierung externer Effekte
  - o Bei der Internalisierung externer Effekte werden wertvolle Handlungsrechte spezifiziert und personell zugeordnet
  - o In jedem Falle sind dann Konflikte zwischen den betroffenen und interessierten Wirtschaftssubjekten zu lösen
  - o Die interessierten Wirtschaftssubjekte werden sich zu Gruppen mit homogenen Präferenzen organisieren

- Durch den Wettbewerb um politische Einflussnahme bieten sich den "Regierenden" einerseits Chancen, Teile ihrer Wählerklientel zu bedienen

- Die Regierenden geraten andererseits allerdings auch unter Druck dies tatsächlich zu tun und laufen damit andernfalls Gefahr Wählergruppen zu verprellen

- Unter dem Einfluss dieser umfassenden Rent-Seeking-Problematik besteht bei den Regierenden durchaus die Neigung, derartigen Konflikten aus dem Wege zu gehen

- Man kann den Konflikten dadurch aus dem Wege gehen, dass zentralisierend internalisiert wird, da bei zentralisierender Internalisierung die Gesamtgemeinschaft („das Volk") die relevanten Rechte erhält

- Die „Regierung" geht damit nicht nur Konflikten aus dem Wege, sondern gewinnt überdies zusätzliche Verteilungsmasse zur Bedienung der verschiedenen Interessengruppen in Vorbereitung der nächsten Wahl

- Die Verteilung erfolgt dann im Wege staatlich-diskretionärer temporärer Gewährung von Privilegien

- Derartige Privilegien sind stets widerrufbar und damit hinsichtlich ihrer Gültigkeitsdauer unprognostizierbar

- Zur Verteilung der Privilegien steht eine ganze Palette von Instrumenten zur Verfügung
  o Ordnungsrechtliche Vorschriften
  o Besteuerungs- und Gebührenlösungen

- Bei Einsatz dieser Instrumente wird grundsätzlich das Gemeinschafteigentum belassen

- Es werden widerrufbare Nutzungsrechte auf Zeit vergeben

- Derartige widerrufbare Privilegien stehen bei und nach jedem Wahlvorgang neu zur Disposition

- Insgesamt bestehen so Tendenzen, die Charakteristik der Internalisierung nach und nach in Richtung Zentralisierung zu verschieben

- Die Planungsunsicherheit der Wirtschaftssubjekte nimmt dadurch zu
  o Ebenso nehmen die Anreize zu, sich im Wettbewerb um politische Einflussnahme zu engagieren
  o Entsprechend entstehen zusätzliche Effizienzprobleme

- Die Komplexität des Gesamtsystems nimmt ab, da mit zunehmender Verschiebung der Teilzentralisierung die Wohldefiniertheit der individuell gehaltenen relevanten Handlungsrechte nachlässt

- Letztlich nimmt bei Zunahme der Teilzentralisierung das Externalitätenniveau zu und keineswegs ab

- Insgesamt verringert sich die Anpassungsfähigkeit des Marktsystems

- Zusätzliche Probleme ergeben sich daraus, dass mit zunehmender Zentralisierung der Umfang der notwendigen politischen Beschlüsse und Staatsaufgaben steigt

- Damit steigt auch der Bedarf nach zusätzlichen Organen

- Anders formuliert führt zunehmende Zentralisierung zu zunehmendem Umfang notwendiger Bürokratie

- o Bürokratien betreiben gemäß Niskanen Budgetmaximierung und neigen zur Inputorientierung
- o Bürokratische Institutionen entwickeln Eigeninteressen, die aufgrund der Informationsdefizite der eigentlich legitimierten politischen Verantwortungsträger zumindest teilweise auch durchgesetzt werden können

- Für die geschilderten Probleme aus Rent-Seeking bietet sich als einziger Therapieansatz die Reduktion staatlich-diskretionärer Verteilungsmacht an

- Zur Reduktion staatlich-diskretionärer Verteilungsmacht gibt es unterschiedliche Anknüpfungspunkte
  - o Verminderung der Teilzentralisierung
  - o Dezentralisierungs- und Internalisierungszwang

- Weiter existieren Ansätze bei Wahlrecht und politischen Institutionen
  - o Einführung längerfristiger Wahlperioden der einzelnen politischen Agenten
  - o Verbot der Wiederwahl
  - o Prüfung stärkerer Direktwahlmomente
  - o Verbesserung der Entlohnung politischer Agenten
  - o Verbot jeder entlohnten Nebentätigkeit politischer Agenten
  - o Persönliche und kollektive Haftung bei Betrug und grober Fahrlässigkeit

- Durch Strategien der oben bezeichneten Art vermindert sich das Rent-Seeking-Potenzial beträchtlich und nachhaltig mit den nachfolgend aufgeführten Wirkungen in einer turbulenten Umwelt
  - o Die Anpassungsfähigkeit des Gesellschaftssystems steigt insgesamt wieder an
  - o Insbesondere werden externe Effekte in der relevanten Systemumwelt schneller erkannt und internalisiert
  - o Die Rechtssicherheit für die Elemente des Gesellschaftssystems steigt – insbesondere auch in ihrer Eigenschaft als Wirtschaftssubjekte

- Insgesamt nehmen Freiheit und Vielfalt wieder zu, da die individuelle Verantwortlichkeit steigt und damit individuelle Leistungen wieder stärker belohnt werden

- Die Überlebensfähigkeit des Gesellschaftssystems in einer turbulenten Umwelt steigt

- Die Rent-Seeking-Prozesse, die die systematische Verschiebung zu mehr Teilzentralisierung bewirken, laufen im Übrigen weitgehend über implizites Logrolling

- Es gilt auch noch nachzutragen, dass durch Rent-Seeking und Wettbewerb um politische Einflussnahme nicht nur die Innovationsfreudigkeit nachhaltig gebremst wird und der Grad der Unsicherheit für alle Wirtschaftssubjekte steigt

- Ebenso verhängnisvoll wirkt der Sachverhalt, dass im Zuge zunehmender Teilzentralisierung der Umfang dessen, was marktlich bewertet wird, entsprechend abnimmt

- Schließlich sei noch darauf hingewiesen, dass Rent-Seeking und daraus folgend zunehmende Teilzentralisierung zum Anstieg unterschiedlichster Formen von Transaktionskosten führt